법륜·열하나

죽음은 두려운 것인가

엠 오 시 월슈 지음 | 우철환 옮김

고요한소리

Buddhism and Death

M. O'C Walshe

The Wheel Publication No. 261
Buddhist Publication Society
Kandy, Sri Lanka

일러두기

* 이 책에 나오는 경經의 출전은 영국 빠알리성전협회PTS에서 간행한 로마자 본 빠알리 경임.
* 로마자 빠알리어와 영문 책 제목은 이탤릭체로 표기함.
* 본문의 주는 모두 역주譯註임.

차 례

죽음은 두려운 것인가

차마 입에 담기 꺼려지는 주제[1]

오늘날 죽음의 문제는 마치 과거에 성 문제가 입에 담지 못할 말이었듯이 좀처럼 입에 담기 꺼리는 주제이다. 정녕 죽음이란 우리들이 깊이 생각하고 싶지 않은 거북한 주제임에는 틀림없다. 그렇지만 우리 삶에서 단 한 가지 확실한 것이 있다면 우리 모두가 조만간 죽는다는 사실이다. 휴거 소동처럼 한때 어떤 종파가 "우리 신도 가운데 몇 백만 명은 절대로 죽지 않는다."는 교리를 내세워 사람들의 마음을 사로잡은 적이 있었다. 그러나 당시 그 소

---

[1] 사람들은 아직도 죽고 난 후에 내생이 있다고 믿는 것을 비과학적이라고 생각하곤 한다. 비록 간결하게나마 이 문제를 다루고 있는 이 글 뒷부분의 '덧붙이는 말'은 내생이 없다고 하는 비판을 잠재우는 데 참고가 될 수 있을 것이다.

리를 들었던 사람들 가운데 살아 있는 자는 아무도 없다. 그러니까 결국 원하든 원치 않든 간에 우리는 모두 죽음을 맞을 수밖에 없다.

죽는다는 사실을 아무리 잊으려 해봐도 죽음이 닥쳐오고야 만다는 것을 누구나 알고 있다. 어차피 그럴 바에야 우리는 그 사실을 잊으려 애쓰기보다는 잠시라도 죽음을 바로 보도록 하자. 어쩌면 우리가 죽음이라는 문제에 지나치게 마음을 쓰고 있는지도 모른다.

이를테면 죽는 것이 무서워 살고 싶은 원기와 열의를 느끼지 못하는 사람이 있는가 하면, 죽을 수밖에 없는 운명에 몰두한 나머지 죽음과 관련한 일이나 심지어 죽음을 미화하는 것에 각별히 매력을 느끼는 사람도 있다.

죽음을 있는 그대로 직시한다는 말은 그 생각에만 끄달린다는 뜻은 아니다. 불교는 다른 모든 경우에서 중도를 가르치듯이 죽음의 문제에서도 중도를 택한다. 불교는 죽음에 대해 해로운 강박관념을 가진 사람들을 위해 보다 분별 있고 균형 잡힌 관심을 기울이도록 가르치고, 어떻게든지 죽음에 대한 생각조차 회피하려고 애쓰는 사람들을 위해서도 마찬가지로 합리적인 접근 방법을 제시해 준다. 죽음을 두려워하는 마음은 불건전한 마음의 상태로서 그 자체가 번뇌다. 불교는 다른 번뇌를 치유하듯이 이러한 심리상태에 대해서도 치유책을 가르쳐 준다.

오늘날 서구인들이 죽음을 대하는 자세는 각양각색이다. 죽음이라는 문제에 부딪히면 많은 사람들은 어떤 입장을 믿고 받아들여야 할지 모르기 때문에 번번이 갈팡질팡한다. 그중에 두드러진 견해가 두 가지 있는데 그 하나는 전통 기독교적 관점이고 또 하나는 현대의 유물론적 관점이다. 전통 기독교적 견해는 사후 세계가 있음을 주장하는 쪽이고 현대의 유물론적 견해는 사후 세계는 없다거나 적어도 믿을 수 없다는 편에 선다.

전통 기독교적 견해

인간은 신에 의해 창조되어 불멸의 영혼을 갖고 있다는

것이 기독교의 주장이다. 인간은 죽은 뒤에 어떤 식으로든 지상에서 행한 행위에 대해 보상을 받거나 벌을 받는다고 한다. 한마디로 선한 사람은 천당에 악한 사람은 지옥으로 가게 되며, 그 천당과 지옥은 영원하다는 것이다. 특히 지옥이 영원하다는 점에 대해서는 많은 기독교인, 심지어 전통적인 견해에 꽤나 깊이 물든 신도조차 적이 불안해한다. 하지만 수많은 교회에서 이러한 문제점을 무마하려 갖가지 해석이나 단서를 덧붙여 이 교리를 어떻게든 가르치고 있는 실정이다. 그러나 불합리하고 미진한 구석은 여전히 남는다.

기독교적 견해 가운데 또 한 가지 주목해야 할 점은, 인간만이 불멸의 영혼을 가지고 있을 뿐이고 인간이 아닌 동물은 죽으면 끝이라는 주장이다. 어떤 기독교인, 특히 영국 내의 소수 기독교인은 저 세상에 가서 애완동물과 다시 만났으면 하는 바람 때문에 동물에는 영혼이 없다는 교리를 별로 달가워하지 않는다. 만일 설문 조사를 해본다면 이 교리가 의외로 많은 이의 신앙생활에 큰 걸림돌이 된다는 것이 드러날지도 모른다.

현대 유물론적 견해

'과학적'이라고 공언하는 유물론자들의 견해에 따르면, 인간은 하나의 동물일 뿐이고 그래서 기독교에서 동물이 죽으면 끝이라고 하듯이 인간도 목숨이 끊어지면 소멸되고 만다. 이 견해는 실상 어느 면에서 보면 기독교적 사고에서 나왔다고 할 수 있다. 기독교에서는 "동물은 영혼을 가지고 있지 않다."고 말하는데, 한술 더 떠서 유물론자는 "인간은 동물이다. 따라서 영혼을 가지고 있지 않다."고 한다. 현대 생물학, 의학, 심리학 등에서는 암시적이든 노골적이든 이 견해를 당연한 것으로 받아들이는 경향이 뚜렷하다.

이미 말한 바 있고 앞으로도 밝혀 보려고 하는 이러한 자세가 사실상 과학적으로 타당한지는 아무리 생각해 봐도 미심쩍기 그지없다. 그러나 이러한 유물론적 의견을 옹호하는 사람은 흔히 주위에서 두터운 신망을 받는 이들이다. 그런가 하면 그들의 말에 자못 솔깃해 하는 사람들은 이런 주제에 관해 스스로 독자적 견해를 가질 만한 능력이 없기 마련이다.

불교적 자세

불교는 앞의 견해 – 인간은 불멸의 영혼을 가지고 있다는 기독
교적 견해와 인간은 하나의 동물일 뿐 죽으면 끝이라는 유물론적 견해
– 둘 다를 극단적이며 사실상 어느 쪽도 진실이 아니라고
말한다. 불교에서는 기독교적 견해를 변질된 '사후 존속
론*sassatavāda* [常住論]'으로, 유물론적 견해는 변질된 '영혼
소멸론*ucchedavāda* [斷滅論]'이라고 부른다. 실제로 이 두
견해는 모두 문제의 핵심을 놓치고 있다. 불교에서 보는
죽음이 무엇인지 그 실상을 분명히 이해하려면 불교의 보
편적 인간관을 어느 정도 알아보아야만 한다. 이 문제에
들어가기 전에 먼저 죽음의 주제와 관련하여 불교적 견해
가 사람들에게 어떤 식으로 잘못 이해되고 있는지 살펴보
는 것이 좋겠다.

이를테면 불교에서는 '불멸의 영혼'을 소유하지 않기는 사람이나 동물이나 같다고 하는데 이는 현대의 유물론적 입장에 매우 가까운 것처럼 보인다. 한편 "사람은 죽은 다음에 살아 있는 동안 행한 행위에 따라 보상이나 벌을 받는다."고 하는 불교적 견해는 오히려 전통 기독교적 견해와 흡사해 보인다. 그런데 서로 다른 이 두 가지 관점이 둘 다 '옳다'고 한다면 언뜻 모순 같아 보이지만 불교적 관점에서는 굳이 모순이랄 것도 없다. 이처럼 불교를 유물론적이나 기독교적으로 치우친 입장에서 잘못 해석하는 것은 양쪽 끝의 어느 한편에서 중간 지점을 바라볼 때 생기는 착시 현상을 미처 깨닫지 못한 결과이다. 하나의 섬이 정확하게 강의 중간 지점에 있다면 그 섬은 어느 쪽에서 보나 보는 사람 쪽보다는 그 반대편에 더 가까워 보인다. 오직 그 섬 바로 위에서 보는 사람만이 양쪽의 거리가 같다는 사실을 알 수 있다. 왼쪽 끝에서 보면 중간에 있는 것은 모두 실제보다 훨씬 오른쪽에 치우쳐 보이는데, 그 반대의 경우도 마찬가지 현상이 일어난다. 이와 같은 현상은 정치나 그 밖의 인간사에서도 보편적으로 나타난다.

진정한 불교적 견해로 볼 때 삶과 죽음이란 비인격적 [無我] 의식의 흐름일 뿐이고 그것이 무지와 갈애에 떠밀려 한 생에서 다음 생으로 흐르는 것이다. 그 흐름의 과정은 어떤 인격적 주체가 있어서 이루어지는 것이 아니다. 그런데도 자아가 있다는 망상은 끈질기게 이생에서처럼 다음 생에서도 계속된다.

절대 진리의 관점으로 보면 불멸의 영혼은 없다. 우리가 계속 몸을 받는다는 사실 때문에 필시 불멸의 영혼이 있을 거라 여기기 십상이다. 그런데 보통 생각하는 상대적 진리의 관점에서 보면 다시 태어나는 어떤 '존재'가 없는 것도 아니다. 완전한 깨달음을 얻으려는 사람은 필히 앞에서 말한 절대 진리의 입장에서 상황을 있는 그대로 여실히 보아야 한다. 그러나 죽음의 문제를 바로 보고 죽음이 무엇인가를 알아보기 위해 첫 걸음을 내딛는 사람은 우선 상대적 진리의 관점에서 볼 수밖에 없다. 상대적 진리는 일상적인 우리네 삶의 척도이며 나름대로 타당성도 있다. 다만 지금으로서는 이것이 사물을 보는 '잠정적'인 견해에 불과하다는 사실을 명심할 필요가 있다. 우리가 지금 다루고 있는 죽음의 문제는 아직 깨달음을 성취하지 못한 평범한 사람에게만 해당되는 문제인 것이다.

따라서 영혼은 있지만 죽음과 더불어 사라진다는 '영혼 소멸론'을 단호히 배격하는 점에서 보면 불교는 어느 정도 영혼 존속론자와 의견이 같다. 그리고 불교와 영혼 존속론의 차이점을 깊숙이 따지는 일을 제쳐놓는다면 일단 사후 존속을 인정하는 데까지는 쌍방의 입장이 비슷하다고 보아도 좋을 것이다.

'사후 존속론'과 '영혼 소멸론'이 뜻하는 것

어떤 형태로든 사후 존속을 믿느냐 믿지 않느냐에 따라 삶을 보는 시각이 달라진다. 죽은 다음에는 아무것도 없다고 믿는 사람들은 어쨌든지 나를 위하거나 남을 위한 모든 야망과 소원을 이 한 번의 삶에서 몽땅 실현시키려 한다. 그런 사람들에게는 이생만이 전부이며 단 한 번밖에 없는 삶이므로 현세적 욕구를 채우는 일만이 지상

목표이고 그 나머지는 모두 무의미한 것이 된다. 이러한 현세적 욕망을 어떤 식으로 추구해 나아가는가는 개인의 성향에 따라 크게 좌우된다.

이상주의자라면 삶의 여건을 향상시키려고 온갖 궁리를 할 것이다. 이런 사람들 덕택에 여러 면에서 사회가 발전되었다는 주장도 일리가 있다. 하지만 좀 더 크게 보면 순전히 '이 세상뿐'이라는 현세 지향적인 견해가 사회에 가져온 결과가 과연 인간에게 유익한지에 대해서는 의문스럽다. 그리고 현세적인 이상주의자조차도 결국 자신과 전 인류를 위한 그의 희망사항에는 극히 한계가 있다는 점을 수긍할 수밖에 없다. 왜냐하면 인류는 언젠가는 어쩔 수 없이 사라져버릴 것이고, 게다가 지독한 어리석음과 자연을 지배하려는 망령된 시도로 어쩌면 훨씬 빨리 멸망을 재촉하게 생겼으니 말이다. 더구나 세속적인 사람들은 '일회적 생명론'을 내세워 죽은 뒤에 올 천벌에 대한 두려움 같은 것도 전혀 없이 기회 닿는 대로 마음껏 즐기며 이기적으로 산다.

물론 세상에는 죽으면 완전히 끝이라는 두려움 때문에 적지 않게 때로는 심하게 고통 받는 사람도 상당히 많다. 그들을 보고 '죽으면 끝인데 무엇이 두려우냐?'고, '그건 앞뒤가 맞지 않는다.'고 말해 봤자 소용없는 일이다. 죽은 다음에는 아무것도 없다고 해서 암이나 그 밖의 불치병 또는 전쟁과 기타 재난에 대한 공포가 덜어지는 것은 아니다. 그러니 남을 위한답시고 '단 한 번뿐인 인생'이라고 지나치게 열을 내 설교하는 사람들은 그런 말이 도리어 남들의 마음에 심한 해를 끼칠 수도 있음을 알아야 할 것이다.

내생을 믿지 않는 사람만이 죽음에 대한 공포가 있는 것은 아니다. 실제로 그 공포는 모두가 가지고 있다. 또 햄릿이 아니라 하더라도 '죽음이라는 잠에 빠지면 어떤 꿈을 꿀까?' 하는 의문은 누구나 한 번쯤은 가진다. 그리고 예나 지금이나 많은 사람들이 지옥불이라는 소리에는 끔찍해 한다. 하지만 오늘날 사후 존속을 믿거나 믿어 보려는 사람들은 대부분 불확실한 대로나마 막연한 기대와 위안 속에 안주하고 있다.

대체로 독실한 종교인들이 막연하게나마 사후 존속은 믿으면서도, 내세는 믿지 않는 경우가 있는데 그렇다고 이것을 전적으로 종교적 자세가 아니라고 할 수는 없다.

예를 들어 유대교는 내생을 부정하지는 않지만 그에 대해 별로 언급하고 있지 않다. 대개 정통 유대인들은 내생을 거의 혹은 전혀 믿지 않는데, 그것은 유대교의 성전인 구약성서가 그 문제에 대하여 거의 입을 다물고 있기 때문이기도 하다. 잘 알려져 있듯이 유대인들이 유대 종족과 그 존속에 크게 의미를 두는 것은 앞서 언급한 유물론자와 같은 경우이다. 물론 그 내용은 다르다. 즉 유대인은 종족 존속에 관심을 쏟음으로써 개인의 사후 존속에 대해 거의 생각하지 않는 반면, 유물론자는 개인의 사후 존속을 부인하기 때문에 종족의 존속에 희망을 걸곤 한다.

또 한편 오늘날 의외로 많은 기독교 성직자들은 사회 문제에 지대한 관심을 보이면서도 사후 존속에 대해서는 침묵을 지키거나 때로는 회의를 드러내기도 한다. 사후 존속의 문제에 관한 한 이러한 태도를 취하는 것은 오늘날 만연하고 있는 유물론적 사고방식에 노골적으로 굴복

하기 때문이라고 하겠다.

　물론 죽은 사람과 접촉할 수 있다고 믿는 사람도 많다. 그렇게 할 수 있다고 주장하는 영매들이 적지 않은데, 굳이 그 수치를 댈 수는 없지만 그 중 일부는 사기성이 농후하거나 자기기만에 빠져 있는 경우가 있다. 하지만 그들을 모두 사기꾼으로 몰아버리는 것도 현명한 일은 아니다. 공정하게 조사해보면 진짜 천리안, 심령 치료사 그리고 그밖의 그런 특별한 능력을 가진 사람들이 실제로 존재한다. 그러나 과거보다는 덜하지만 여전히 그런 능력자들을 공개적으로는 사기성이 있다거나 괴상한 존재로 싸잡아 무시하는 경향이 있다. 그들에게 점을 치러 가는 사람들은 남에게 밝히기 부끄러운 비밀을 감추듯 은밀히 그들을 찾는다. 그런 일에 지나치게 관심을 갖는 것도 좋은 일은 아니지만 그렇다고 유물론적 사고를 하는 사람들이 그런 사람들을 경멸하며 믿을 것이 못 된다고 큰 소리로 떠드는 것도 그들 자신의 딱한 무지함에서 비롯된 빗나간 반응에 불과한 것이다.

억압 본능

사실상 누구나 죽음에 대한 뿌리 깊은 두려움이 있기에 내생이 절대로 없다는 주장은 사람들에게 심리적으로 큰 해독을 끼칠 수 있다. 프로이트의 전기를 쓴 어네스트 존스 같은 위대한 심리학자까지도 내생을 믿는 마음을 없애는 것이 중요하다고 주장하였다. 물론 어떻게든지 내생 같은 것이 없다는 것을 실제로 입증할 수만 있다면, 한 걸음 더 나아가 심리분석이나 그와 비슷한 방법으로 사후 소멸의 두려움을 없앨 수 있다면 참으로 좋을 것이다. 그러나 이러한 시도들이 성공하지 못할 것은 뻔한 일이므로 그의 주장은 설 땅을 잃고 만다. 정통 심리분석이 성 문제에 관해서는 상당히 많이 알아냈지만 예나 지금이나 죽음의 문제를 심리학을 통해 제대로 다룬다는 것은 불가능한 일이다. 존스 박사도 억압 심리가 해롭다는 것을 주장한 프로이트의 신봉자였지만 내생을 믿고 싶은 생각을 지우려 애쓰는 것이 결국에는 '억압'으로 변할 뿐이라는 사실을 알지 못했던 것이다.

억압은 간단히 말해 '수용할 수 없는 생각과 충동을 능동적으로 의식에서 받아들이지 않거나 의식에서 몰아내 버리는 과정'(《심리학 사전》, 힌지와 샤츠키 지음, 옥스포드대학 출판부, 1940)이다. 그러나 억압은 철저한 자기기만일 뿐이다. 그 억압 심리가 정신에 좋지 않은 영향을 미친다는 사실은 프로이트와 그의 추종자들 덕분에 이미 잘 알려져 있다. 특히 죽음에 관한 한 억압이란 죽음을 두려워하지 않는다고 스스로를 속이는 것이다.

사실 굉장히 많은 사람들이 그런 식으로 자신을 속이고 있다. 그런데 정신분석학보다는 오히려 불교가 억압의 문제를 근본적으로 잘 해결해 준다. 사람들이 실상 죽음의 공포를 초월하지 못하고 단지 그것을 억누르고 있을 뿐이라는 사실을 스스로 인정하기는 어려운 일이다. 보통 사물의 본질을 파헤치는 과정에서 즉각적인 거부 반응을 보이는 것은 별 도움이 되지 않는다는 것을 우선 강조하고 싶다. 죽는 이야기만 나오면 본능적으로 꽁무니를 빼려 드는 사람은 누구나 자기는 그게 아니라고 하겠지만 이유는 뻔하다. 죽는 것이 무섭기 때문이거나 아니면 자기는 그

정도는 이미 넘어섰다는 자만심에서 그러는 것이다.

억압의 결과

존스 박사처럼 사후 존속이란 있을 수 없다고 완전히 부정하면, 그 결과 오히려 죽음에 대한 공포는 드러내놓고 아니면 억압된 형태로 끈덕지게 남아있게 된다. 또 비뚤어진 심리 상태가 겉으로 드러나거나 억압된 형태로 나타나게 되고 이어서 여러 가지 고통이 따르게 된다. 오늘날 이 세상 어디에나 사후 존속을 부정하는 자세를 가진 사람이 많으며, 심지어는 공식적인 입장으로 정해져 있는 경우도 있어서, 이 해로운 영향이 매우 넓게 만연하였고 이에 대해서는 대책이 없는 실정이다. 내친김에 말하자면, 진실로 사후 세계가 없다면 우리가 죽음을 무턱대고 무서운 것만으로 여길 리 없을 터인데.

오늘날과 같은 상황에서는 사후 존속을 믿는 사람들이

나 믿고 싶어 하지 않는 사람들이나 각기 나름대로 딜레마에 빠질 수밖에 없다. 영매나 심령주의자나 신을 믿는 종교의 골수분자라면 몰라도 그렇지 않은 이상 그는 아마 의심에 시달리거나 고작해야 자기가 무엇을 믿고 있는지조차 모르는 막연한 상태에 빠져 있을 것이다. 그런 사람은 여러 가지 엉뚱한 억측에 빠지기 십상이다. 그리고 어떤 근거로 그러한 억측들이 가능한지 가늠조차 하지 못한다. 그런 막연한 신념은 순수 직관에 근거하고 있다 해도 결국 주변의 분위기에 휩쓸리면 약해지고 위기를 당하면 무너지기 쉽다. 이와 같은 사람들은 또 사후 존속론자의 모든 생각을 자신들의 희망사항에 지나지 않는다고 단호하게 배격함으로써 당분간 안도감을 느낄 수는 있을 것이다. 마음속으로 내생에 받을 무서운 과보에 대한 지나친 공포심을 가진 사람들의 경우 특히 그러하다.

우리는 이런 사실을 모두 인정해야 할 것이다. 바로 이런 이유 때문에 존스 박사와 같은 학자들이 공포심을 덜기 위해서는 내생을 믿어 보려는 마음을 없애는 것이 중요하다는 주장을 내세우고 있는 것이다. 그렇다고 실제로 그것이 문제를 해결해 주는 것은 물론 아니다. 더구나 존 스식 해결 방법이 이 사회나 개인에게 미치는 악영향은 심리적 억압 정도에서 끝나지 않는다.

원래 사후 존속을 부정하는 사고방식은 유물론적 세계관에서 비롯했고 아직도 많은 과학자들의 지지를 받고 있지만, 실상은 이미 시대에 뒤떨어진 것이며 인간 생명에 대한 우리의 존엄성을 훼손시키고 있다. '동물은 영혼을 가지고 있지 않다.'는 전통 기독교적 견해는 실제로 그 부분에서는 유물론적 입장에 선다. 인간이 특별한 존재라고 생각하는 사람들은 동물은 완전히 인간에 예속되어 있고 무가치한 존재로 취급받을 수밖에 없다는 생각을 너무 쉽게 하는데, 불행히도 성경은 이 견해를 뒷받침하고 있다. 그리하여 공장식 축산농장에서 식용 동물을 대량 생산하는 행위나 그 밖의 여러 동물에 대한 잔혹 행위를 자행하고 있는 것이다.

여기서 한걸음 더 나아가 철저한 유물론자는 인간 자체도 동물로 간주해 버린다. 우리는 오늘날 이러한 생각이 아무데나 지나치게 적용되어서 나온 극단적 결과를 여러 곳에서 목격하고 있고 그것은 엄청나게 끔찍할 때가 많다. 아무리 자유로운 인본사상에 따른 것이라고 해도 잘못된 생각에서 빚어진 극단적 결과는 고약하기가 매일반이다. 의사나 기타 여러 직종의 사람들이 다른 사람의 생과 사를 좌우하기도 하며, 때로는 그것이 지나쳐 무책임하기까지 한 경우도 있다. 예를 들면 외과의들의 이식 수술 같은 것도 종교적 입장은 별문제로 하더라도 죽음을 대하는 사회 통념에도 어긋나는 비윤리적 태도로 행해지는 경우가 허다하며 무분별한 임신중절 행위에 대해서도 같은 말을 할 수 있을 것이다.

죽음과 불교도

그렇다면 불교도가 죽음에 대해 마땅히 가져야 할 자세는 어떤 것일까?

먼저 전통 기독교와 천주교에서는 임종을 맞는 사람들

을 지극한 정성으로 돌봐 준다(특히 천주교는 나름대로 죽음의 문제에 보다 지혜롭게 대처하고 있다). 그들은 임종을 눈앞에 둔 사람을 위해 특별한 의식을 베풀고 교인으로서 마땅히 가져야 할 올바른 마음가짐으로 삶을 끝낼 수 있도록 온갖 노력을 기울인다.

그러나 내세를 믿지 않는 사람들에게는 그런 모든 것이 아무런 의미가 없다. 또 불교도나 천주교인이 아닌 그 밖의 '사후 존속론자'들은 그러한 의식을 의례적이라고 비판도 하지만 그 원칙만은 매우 수긍할 만한 것이다.

티베트 불교에서는 임종 때 기독교나 천주교와 비슷한 의식을 행하고, 상좌부 불교에서는 위빳사나를 수행하는 스님이 임종을 맞는 사람을 도와주는 것이 통례이다. 물론 불교도가 임종 때 가져야 할 마음가짐이 인격신을 믿는 신자들의 마음가짐과 똑같다고 할 수는 없다. 그러나 죽음을 앞둔 사람이 별수 없이 혼미한 가운데 의식을 잃고 임종을 맞게 하기보다는 가능하다면 죽음에 대한 올바른 이해를 갖도록 해주는 것이 한결 나을 것이다.

임종 때 혼미하여 의식을 놓치면 죽는 사람은 금생에

그러했던 것처럼 맹목성과 혼동을 그대로 지닌 채 다음 생으로 넘어가게 된다. 그렇다 해도 추호의 의심도 없이 내생 같은 것은 없다고 확신하는 사람이라면 죽어가는 사람에 대한 이러한 배려를 전혀 가치 없는 것이라고 일축할 수도 있다. 설사 내생이 없다 치더라도 임종을 맞는 많은 사람에게서 내생이 있다는 위안을 박탈하는 것은 매우 잔인한 일이다.

그렇게 볼 때 일부 인본주의자들이 병원 주재 성직자 제도를 폐지하자고 하는 것은 극히 유감스러운 일이다. 병원 주재 성직자들 가운데 일부는 있으나마나 한 존재일지 모르지만 그래도 대다수는 환자나 임종을 맞는 사람들에게 어느 정도 위안을 줄 수 있다. 물론 가장 이상적인 경우는 높은 수행을 쌓은 스님이 그런 일을 맡는 것이다.

사람이 임종에 맞닥뜨려서야 비로소 죽음에 대해 진지하게 생각하게 된다면 이미 때는 늦은 것이다. 우리는 죽음을 예상하는 나이가 되기 훨씬 전부터 죽음을 생각하는 일에 익숙해져야 한다. 왜냐하면 젊고 건강한 사람들도 예기치 못한 순간에 갑자기 죽는 수가 있으니까.

죽는다는 것은 확실하다 - 그 시간이 불확실할 뿐

Mors certa - hora incerta.

이와 같은 생각을 항상 지니는 것은 불교도가 닦아야
할 정견正見, 바른 견해 수행의 중요한 부분을 이룬다. 그
런 의미에서(서구에서는 아직 보편화되지 않았지만) 죽음을 주
제로 한 불교의 명상 수행은 마땅히 권장되어야 한다.

불교도에게 있어서 죽는다는 것은 실제로 완전한 끝장
이 아니라 다만 우리를 현생에 묶어 놓는 모든 고리들이
일단 끊어짐을 의미한다. 따라서 우리가 이 세상과 그 즐
거움에서 초연하면 할수록 죽음을 맞을 올바른 준비를
한 셈이고, 그것이 불사不死의 경지에 이르는 팔정도를 따
라 한걸음 더 나아간 것이다. 불사는 죽음이 없는 상태인
열반Nibbāna, amata을 가리키는 이름 가운데 하나이다. 한
편 팔정도 수행이 완성의 경지에까지 가지 못한 사람들에
게 죽음이란 곧 다시 태어남을 의미한다. 윤회saṁsāra는
그 자체가 끊임없는 생사의 반복일 뿐이다. 태어남과 죽

음은 서로 떼어 놓고는 이해할 수 없으며 따라서 죽음 없이는 태어남도 없다.

우리는 모두 죽는 것을 두려워하지만 사실은 죽음 뒤에 따라오는 재생을 두려워해야 할 것이다. 그러나 실제로는 그렇지 못한 경우가 대부분이어서 재생 쪽보다는 죽음을 더 겁낸다. 재생을 믿는 사람들조차 재생보다 죽음을 더 겁내는데 이는 근시안적 견해를 가졌기 때문이다.

우리는 죽으면 곧 다시 태어난다는 사실을 똑바로 알아야만 한다. 불교에서 완전한 깨달음이라고 하는 것은 태어나는 곳이 아무리 행복한 선처善處라 할지라도 그것조차도 초월하겠다는 의지가 분명할 때에만 성취될 것이다. 그러나 초보 단계에서는 다시 태어난다는 사실을 인정하는 것이 죽음의 공포를 극복하는 데 도움이 된다. 그러나 더 나아가서는 재생에 집착하는 마음까지도 점차 극복해야만 할 것이다.

죽고 싶은 마음

사람은 죽는 것을 퍽이나 겁내지만 이상하게도 한편으로는 죽음을 원하기도 한다. 정신분석학에서 이런 현상을 설명하려고 여러 가지로 애쓰고 있으나 아직까지는 별로 성공하지 못하고 있다. 명분이야 어쨌든 많은 사람들이 자살 충동을 느끼고 있으며 실제로 행동으로 옮기기도 한다.

부처님께서는 인간을 윤회에 묶어 놓는 원인의 하나인 갈애를 세 가지로 분류하고 이 '죽고 싶은 마음'은 그 세 번째에 넣으셨다. 즉 사성제의 하나인 집성제集聖諦의 가르침 속에는 '감각적 쾌락에 대한 욕망[欲愛]' 외에도 '존재하려는 욕망[有愛 bhavataṇhā]'과, '없어지려는 욕망[無有愛 vibhavataṇhā]'이 나오는데, 죽고 싶은 마음은 바로 '없어지려는 욕망'에 해당된다. 우리 인생이란 본질적으로 살아가면서 제 뜻대로만 살 수는 없는 것이기에 좌절을 맛볼 수밖에 없다. 따라서 모든 것을 끝장내고 싶은 충동이 있게 마련이다. 그런데 문제는 그렇게 쉽게 발을 빼버

릴 수는 없다는 데 있다. 자살로 죽든 다른 원인으로 죽든 간에 사람은 어떤 계界나 차원에 곧바로 다시 태어나는데, 자살의 경우는 금생보다 훨씬 나쁜 곳에 태어나게 된다.

전통 기독교적 견해는 자살을 결코 용서받을 수 없는 죄로 본다. 마치 달구어진 철판이 뜨겁다고 뛰어나와 불속으로 들어가는 격이라는 것이다. 그런가 하면 일부 정신분석가들은 열반을 '죽고 싶은 마음'과 관련지어 설명하는데 이는 잘못이다. 여기서 다루고 있는 '죽고 싶은 마음'은 실상 진정한 자유[涅槃]에의 열망이 아니고 단순한 도피 행위일 뿐이다. 프로이드 파가 주장한 것보다 훨씬 더 심오한 통찰력을 통해서만 '죽고 싶은 마음'이 사라진 완전한 평온을 찾을 수 있고 출세간出世間으로 방향을 전환하여 불교의 궁극적 목표인 해탈·열반을 바라볼 수 있게 된다.

이러한 과정은 저절로 일어나는 것이 아니다. 여기서 주목할 점은 '죽고 싶은 마음'은 불교의 관점에서는 오히려 앞에 나온 유물론자들의 '영혼 소멸론' 쪽에 가깝다는 사실이다. 이 '죽고 싶은 마음'이 좀 더 강해지면 죽음의 공포를 억눌러 죽는 것이 겁나지 않게 만들기까지 한다.

이로써 어네스트 존스 박사 같은 사람들이 사후 존속론을 어째서 그토록 맹렬히 부정하는지 그 이유를 알 수 있을 것이다. 좀 다른 이야기인데, 어느 유명한 생물학자는 사람이 사후 존속을 믿고 안 믿고는 전적으로 그가 물려받은 유전인자에 따라 결정된다는 이론을 내세웠는데, 이것은 인간 의지를 지나치게 배제한 결정론적인 발상이 아닐까.

사후 존속론과 반反 사후 존속론의 심리

물론 사람이 죽은 후에 어떤 형태로든 존속한다고 믿는 것을 막연한 바람이나 환상 탓이라고 말하기는 쉽다. 그 비판도 일리는 있다. 그러나 진정으로 사후 존속을 사실로 믿는 사람이 있음을 지나치는 경우가 많다. 그런가

하면 '죽음이 곧 끝장'이라는 극단적이고 편협한 믿음을 가진 무리도 적지 않다. 이런 태도가 죽음을 두려워하는 마음을 억누르고 감추는 것임은 이미 말한 바 있다. 그런 태도는 '과학적인 척', '현실적인 척', '강한 척' 하지만 기실은 스스로를 속이고 있다고 보아야 한다. 그것은 부인네들의 허황된 이야기를 믿을 수 없다며 남성다움을 과시하는 경우와 비슷하다. 교회나 절에 다니는 여자가 남자보다 많은 것은 어쩌면 여자가 남자보다 자기기만적 행동의 필요를 덜 느끼기 때문일지도 모른다.(여자들은 감추어야 할 일이 따로 있으니까!)

여하간 죽음이 곧 끝이라고 믿으면 이상하게도 어떤 안도감이 느껴진다. 일단 이렇게 죽음이 곧 끝이라는 식으로 마음을 작정하고 나면 사람들은 이제 그 문제는 제쳐두고 다른 문제로 주의를 돌릴 수 있게 된다. 과학자나 정치가가 인습의 벽에 구애됨이 없이 현실적인 결정을 내릴 수 있는 것도 그 때문이다.

따라서 이런 식으로 어떤 현상을 검토의 대상에서 제

외시키고 나면 과학적 지식은 더 '깔끔하고', '정돈된' 것으로 된다.

그러나 그들에게는 안 된 일이지만 모든 것을 포괄적으로 보는 보다 총체적인 인식 체계가 엄연히 존재하는 바, 제법 깔끔해 보이는 기계적이며 유물론적인 세계관은 이와 정면으로 부딪친다. 아무튼 과학적으로는 설명할 수 없는 여러 가지 현상들이 존재한다는 증거가 충분하기 때문에 이제 그러한 현상을 무시하기는 곤란하며, 이는 사후 존속의 문제와도 곧바로 연결된다.

일부 과학자들은 용케도 이 모든 현상을 무시하고 세상에는 그런 것들이 아예 없는 양 버텨 나간다. 반면 소수의 과학자들은 - 점차 증가하는 추세인데 - 그런 현상들을 검토해보고 그 결과로써 설명이야 어떻게 붙이든 적어도 무언가 있다는 확신을 가지게 되었다. 나머지 사람들은 그 어느 쪽에도 서지 못하고 있는데, 이 모두를 무시하지도 못하고 그렇다고 해서 순수한 객관성을 가지고 검토할 줄도 모른다. 그리하여 그들은 할 수 없이 '고발자'라 자처하며 자기들이 인정할 수 없는 것은 무엇이나 폭로하거나 논

박하는 쪽에 선다.

그들의 주장은 요컨대 분명 세상에는 사기성이 많은 무당이나 그런 류의 사람들이 존재하는 만큼이나 사후 존속 운운하는 사람들도 마찬가지로 모두 기만적이거나 착각에 빠져 있다는 것이다. 근년에 과학적으로 설명할 수 없는 여러 가지 신비로운 현상의 대표적인 사례들에 대해서 깐깐하게 폭로하려는 책과 논문이 많이 나오고 있다. 공정하게 조사해보면 이러한 폭로성 보고를 통해 신비로운 현상들이 증거가 불충분한 것으로 드러나는 것도 있겠지만, 반드시 그렇지는 않아서 영매를 비판하는 폭로자들이 실제로 합리적인 범주를 크게 벗어나 때로는 자신도 모르게 아예 절제를 잃고 있음을 보여 주기도 한다.

널리 알려진 브라이디 머피의 사례는 이 같은 사실을 알려 주는 좋은 예이다. 처음에 비판자들은 이 사례가 허무맹랑한 것임을 증명해 보이려고 자신만만하게 나왔으나, 철저히 조사한 결과 오히려 그들의 생각이 크게 빗나갔음이 드러났다.

최면술을 비난하는 어떤 책에서는 최면술에 의해 전생의 기억을 되살리려는 시도를 비웃고 있다. 그 책의 저자는 이러한 시도를 '쓸데없는 짓'이라면서 최면술사가 분명고의적으로 속임수를 썼을 것이라고 터무니없는 중상모략을 하고 있다.

나는 언젠가 아주 똑똑한 여성 심리학자가 '인간의 예지 능력을 인정하느니 차라리 아무거나 믿어버리는 게 낫겠다. 예지 능력을 인정하면 나의 과학적 세계관은 온통 뒤집힐 테니까.'라고 말하는 것을 들은 적이 있다. 어쩌면 이 여성 학자의 말에 조금은 공감할 사람도 있을 것이다. 그러나 예지 능력은 아무리 불가사의하다 해도 이미 충분히 입증된 사실이므로 그녀의 세계관을 수정하고 안 하고는 그녀 자신에게 달린 일이다. 문제는 놀랍게도 이 여성 학자의 말은 바로 오늘날 과학에 길들여진 많은 사람들의 난처한 입장을 적절하게 대변한다는 점이다.

이 모든 것에 비추어 볼 때 중요한 것은 사후 문제에 대한 각기 다른 태도의 밑바탕에(다른 사람뿐만 아니라 자신의 내면에도) 어떤 심리적 동기가 깔려 있는가를 알아차리는 일이다. 신비주의를 너무 쉽게 믿거나 무비판적으로 신비주의에 접근하는 것은 개탄해야 할 일이고 적잖게 위험하다. 반면 정반대의 극단적 입장에서 신비주의를 완전히 배격하는 태도 또한 더 비판적으로 신중하게 다루어야 할 것이다.

심령술과 주술

불교는 심령술이나 신비한 현상에 몰두하도록 부추기지 않지만 몸을 갖지 않은 다양한 부류의 존재들이 실재하고 있음을 부정하지도 않는다. 이러한 존재들은 각계各界 각처各處에 있는데, 일부는 사바세계보다 더 높고 행복한 차원에서 살고 소위 아귀와 같은 존재들은 더 비참한 곳에서 지낸다. 이 세상에서 우리 자신이 실제로 존재하고 있듯이 그에 못지 않게 여러 존재들은 그들의 세계에서 실재하고 있다. 그들도 예외 없이 모두 생사윤회의 범

주에 속해 있다. 따라서 그들이 어떠한 차원에 머물든지 그 머묾은 일시적이다. 비록 일시적이라고는 하지만 어떤 차원의 존재는 인간적인 기준에 비추어 볼 때에 수명이 엄청나게 긴 경우도 있다.

인간계에 환생하는 것 역시 무상하기는 마찬가지이다. 환생하는 곳은 업에 따라 결정되며 인간으로 태어나는 것도 단지 여러 가능성 가운데 하나이다(인간으로 태어나는 것은 각별히 중요하다. 왜냐하면 인간계 아닌 다른 곳에 태어나서는 깨달음을 얻기가 사실상 불가능하니까). 그러므로 인도人道 환생은 희유한 만큼이나 바람직하다. 그러니 이 소중한 기회를 낭비한다면 참으로 어리석은 일이 아니겠는가! 불교 경전에 의하면 인간은 모든 감각기능을 구족한 일종의 정신적 몸을 지니고 있다고 한다. 이것은 심령술사가 말하는 아스트랄체나 에테르체에 해당하는 듯하다.

물론 책임감 있는 심령술사는 심령술이나 주술에 분별 없이 빠지면 위험이 크다는 점을 경고한다. 그 위험이 얼마나 큰가를 그들 스스로도 너무나 잘 알고 있기 때문이다. 천상, 아귀 등 다양한 계界에 살고 있는 존재들이 깨달음을 얻은 존재는 아닌 것이다. 그들 중에 틀림없이 평범한 인간보다 더 지혜롭고 더 향상된 존재도 있다. 반면 나머지는 그렇지 못하고 심지어는 분명히 악의적으로 해코지하기도 한다.

어떤 종류든 비방이나 비술을 쓰는 것은 비구들이 할 일이 아니며 결코 해서는 안 된다. 그래도 동양권에서는 그런 일이 허다하다. 불교도라면 그런 일에 관심을 가져서는 안 된다. 그러나 피치 못할 경우에는 정신적으로 고매하고 책임감 있고 양심적인 수행자에게 의논해 보도록 세심하게 마음을 써야 할 것이다. 그런 분은 인품도 훌륭하고, 찾으려 들면 찾을 수도 있다.

우리가 명심할 것은 영계의 존재란 여전히 무지에 덮여 있기 때문에 영매를 통해 그들로부터 메시지가 온다 해도 사람들을 잘못 이끌 수 있다는 사실이다. 그러니까 쓸데 없는 것까지 섞여서 뒤죽박죽으로 오는 숱한 영계의 메시지는 전혀 믿을 만한 것이 못 된다.

인간계보다 높은 세계에 속해 있는 존재를 불교에서는 천신*deva*이라고 부른다. 대체로 천신들은 될 수 있는 대로 인간을 돕고 싶어 한다. 고매한 천신과 대승불교의 보살 개념 사이에는 근본적으로 별 차이가 없다고 보기도 한다.

태어날 때부터 심령적인 현상에 민감한 사람이 있는가 하면 명상의 결과나 부산물로서 염력念力을 얻는 사람도 있다. 염력이라는 것이 있는 것은 확실하지만 그런 능력을 얻을 수 있다 해도 그것만을 추구하거나 집착해서는 안 된다. 지혜가 부족하고 계행이 청정하지 못한 사람이 그런 능력을 갖게 된다면 큰 해를 끼칠 수도 있다.

그렇다고 해서 염력을 쓰는 마법 같은 것이 이 세상에 절대로 없다고 주장한다면 그것은 현대의 진보적인 인본주의자가 빠지기 쉬운 착각이다.

마녀라서 혹은 마녀의 혐의를 씌워서 사람을 잔인하게 대했던 과거의 사실에 대해 마법을 핑계로 사람만 괴롭혔다고 인본적인 입장에서 분개한 나머지 마법 같은 것은

온통 가공이라고 몰아붙여서는 안 된다. 아무튼 영계와
의 접촉은 매우 신중해야 한다. 영계가 존재하지 않아서
가 아니라(차라리 없다면 해코지당할 일도 없겠지만) 엄연히 존
재하기 때문이다.

죽음이란 무엇인가?

이제 우리는 죽음을 불교적으로 정의해야 할 때가 되었
다. 냐나띨로까 스님은 죽음을 이렇게 정의하고 있다. "어
떤 한 생의 한정된 생명 기능이 끝나는 것, 그리고 동시에
인습적으로 사람, 동물, 개성, 자아 등의 이름으로 불리는
생명체의 정신적 육체적 작용의 소멸이다. 하지만 엄밀히
말하자면 죽음이란 순간순간 생겨난 육체와 정신의 결합
이 순간순간 계속 분해되고 사라지는 것이며 따라서 죽
음은 매 순간 일어난다."(《불교 사전》 콜롬보, 1950)

이 정의는 매우 중요하다. 매 순간 1초에 수백만 번씩

'나'는 죽고 '나'는 다시 태어난다. 다시 말해 이전의 '나'는 영원히 사라지고 뒤이어 새로운 '나'가 생긴다. '나'의 육체적 생명이 끝나 이 정신 작용과 육체의 연결이 끊어지면 뒤이어 육체는 이내 썩는다. 그러나 죽으면 그 순간 어느 계界에선가 재생이 일어나는데 새로운 인간의 모태 속일 수도 있고 혹은 다른 어떤 곳일 수도 있다.

그렇다면 뒤에서 언급할 아라한의 경우를 제외하고는 불교적으로 죽음은 재생과 따로 분리해서 생각할 수 없다. 그런데 재생에는 한 생에서 다음 생으로의 재생과 순간순간의 재생 두 가지가 있다. 오늘날 어떤 사람들은 부처님이 순간순간의 재생만을 가르쳤다고 주장하지만 그것은 맞지 않는 말이다. 재생에 대한 언급은 모든 종파의 불교 경전에 상당히 많이 나온다. 그러한 언급들을 무턱대고 '상징적'인 것으로 돌리거나 '일반 대중의 믿음을 그대로 용인한 것'(말이 난 김에 말하자면, 부처님 시대에도 모두가 재생을 믿었던 것은 아니다)이라고 얼버무려 버릴 수는 없는 것이다. 또한 재생이 실재하는 것임을 확실히 해주는 믿을 만한 증거가 얼마든지 있기 때문에 굳이 구구히 설명할 필요도 없다.

재생이란 무엇인가?

'순간순간의 재생 - 순간에서 순간으로의 재생'을 이해하는 것도 매우 중요하고 간과해서는 안 되는 일이지만 여기서 우리가 정말로 관심을 가져야 할 것은 '한 생에서 다음 생으로의 재생'이다. 이 점에 대해서는 다음 두 가지 사실을 부언해 둘 필요가 있다.

첫째로 '출생 *jāti*'이라는 말은 자궁 밖으로 나오는 것만을 말하는 게 아니라 화현化現의 경우와 같이 몸을 나투는 다른 과정들을 모두 포함한다. 따라서 인간으로의 출생은 하나의 특정한 경우에 지나지 않는다.

둘째로 '생'과 '생' 사이의 '중간 상태[中陰·中有]'의 문제도 있다.

일부 불교도뿐 아니라 많은 사람들이 중음에 관해 말

하고 있다. 약간씩 의미상의 차이는 있으나 적어도 상좌부 불교에서는 이와 같은 중간 상태[中陰] 자체도 '재생'으로 본다.

인간으로든 다른 어떤 형태로든 거듭 태어나는 것은 무지에 의한 갈애*taṇhā*의 힘이 다 소진되지 않고 끈질기게 남아 있기 때문이다. 이러한 무지와 갈애의 힘은 강력한 전류와도 같다. 그러니 육체적으로 죽는 순간 무지와 갈애가 끝나고 만다는 가정은 정말 사리에 맞지 않으며 에너지 보존법칙에도 위배된다.

다시 태어나는 존재는 죽은 바로 그 존재와 같은가 다른가? 이 질문에 대한 가장 적절한 답은 나가세나 스님이 밀린다 대왕에게 한 말에서 찾을 수 있다. '그것은 같은 것도 아니고 다른 것도 아니다*na ca so, na ca añño*.'

재생의 전체적인 과정에 특정한 주체가 있는 것은 아니지만 분명히 어떤 존재가 있어서 그것이 다시 태어나는 것이다.

따라서 재육화再肉化 Reincarnation와 재생Rebirth이라는 말에는 분명히 차이가 있다. '재육화'란 진정한 실체인 하나의 영혼이 존재하여 한 생에서 다른 생으로 연속적으로 몸을 받아 이어진다고 주장하는 이들이 쓰는 용어이다. 재육화라는 어휘가 때로는 천신들처럼 몸 받지 않은 존재를 말할 때에도 쓰이지만 실은 글자 그대로 육신을 가지고 나타나는 경우에만 적용해야 마땅하다.

한편 '재생'은 마치 어떤 주체가 있어 일어나는 듯하지만 사실 그 과정은 전적으로 특정한 개체와 관계가 없다고 보는 것이 불교적 견해이다. '재육화'처럼 보이는 것도 사실은 재생으로 보아야 한다. 불교의 연기법[2]에 의하면 재생은 다음과 같이 무명에 이끌려 이루어진다는 것이다. 무명이 행行 *saṅkhāra*을 조건 짓고 행은 식識을 조건 짓고

---

2 연기법緣起法 *paṭicca samuppāda*: 정신적, 물질적인 모든 현상은 무수한 원인과 조건이 상호 관련되어 성립하는 것으로 독립 자존하는 것이 아니며, 그런 원인과 조건들이 없어지면 결과도 자연히 없어진다는 가르침으로 불교의 기본을 이루는 진리. 그 가운데 12연기법에서는 무명無明·행行·식識·명색名色·육처六處·촉觸·수受·애愛·취取·유有·생生·노사老死를 연기緣起하는 12요소로 든다. 법륜 스물둘 《연기》, 〈고요한소리〉 참조.

식은 명색名色을 조건 짓는 식으로 이어진다. 이것은 한 개인의 성향이나 '업상業相'이 무명에 뿌리를 두고 있음을 뜻한다. 이 업상業相은 밀랍 위에 찍힌 도장처럼 자궁 속이나 다른 곳에 새로 생성하는 식識에 각인된다. 그리하여 그것에 따라 새 존재[名色]가 이루어진다.

인간의 성격과 정신적 특성들이 유전적으로 이어진다는 서구식 설명은 불교에서는 용납되지 않는다. 사실 순수하게 육체적인 면 외에 얼마간의 유전적 요인이 작용할 수도 있지만 본질적으로 유전은 업에 의한 것이다. 정신적 특성들이 분명히 유전된다고 여러 가지로 구구하게 설명되고 있지만 때로는 억측일 수도 있다.

예를 들어 한 어린이가 음악적으로 소질이 있으면 사람들은 그의 삼촌이 클라리넷을 불곤 했다는 사실을 떠올리게 된다. 그러나 그 아이가 음치라면 그런 사실은 거론되지도 않을 것이다.

유전적 요인보다는 오히려 부모나 주위 환경의 영향이 참으로 중요하다. 특히 무의식적인 또는 정신 감응적인 영향을 인정할 때 더욱 그러하다. 심지어 알리스터 하디 경

卿은 유전인자들이 정신 감응적으로 영향을 받을 수 있다고까지 말했다. 더 나아가 다시 태어날 때 부모를 '선택'하는 것도 어떤 형태의 친화력에 의해서나 과거 업연業緣에 의해서 영향을 입게 되어 있다. 공상과학 소설에서라면 몰라도 똑같은 정신 작용을 보이는 '복제 인간'을 만들어 낼 수도 있다는 생각은 실제로는 이루어질 수 없는 일이다. 일란성 쌍둥이조차 업이 다르듯이 설령 복제 인간이 만들어진다 해도 그 업은 같을 수가 없는 것이다. 삶이란 결코 기계적이지 않으므로…….

아라한의 죽음

금생에 완전한 깨달음을 성취한 사람은 육체가 죽으면서 개체로서의 존재가 완전히 끝난다. 상좌부 불교에서는 그렇게 가르치고 있다. 이것을 무여열반無餘涅槃 *anupādisesa-nibbāna*이라고 부른다. 이러한 열반의 속성을 무어라고 꼭 짚어 말할 수는 없다 해도 단순히 물질적 의미에서의 소멸로 이해해서는 안 된다(그렇게 주장하는 학자들도 있기는 하다). 그것은 자아의 소멸이 아니다. 왜냐하면 그 자아라는 것이 애당초 실재한 적이 없었으니까. 또 '열반에 들어감'도 없다, 왜냐하면 들어갈 존재란 없는 것이기에. 그것은 바로 탐·진·치에서 비롯된 오온의 생성이 완전히 멈춘 것이다. 절대 평화의 경지로 보아도 좋을 것이다. 그리고 그것은 다시는 죽음이 없는 열반, 즉 불사不死의 경지이다.

명상과 죽음

죽음을 관觀하는 법에 대해서 바지라냐냐 스님은 그의 저서에서 다음과 같이 쓰고 있다.

불자는 무상無常, 고苦, 무아無我를 놓치지 않고 죽음에 대한 명상을 계발해 나아가야 한다. 이러한 죽음에 대한 명상은 사실상 위빳사나 명상법에 속한다.

《불교 명상법》, 콜롬보, 1962. 209쪽

1968년 10월 23일, 태국의 부 종정이던 쏨데트 프라바나라타 스님이 런던의 담마파드파 사寺를 방문하여 설법하였는데 주제는 죽음에 관한 것이었다. 스님은 우리가 사람으로 태어났고 게다가 심신의 기능이 온전한 것이 얼마나 큰 복인가를 말했다. 법을 만나 향상할 기회를 가질 수 있기 때문이다. 인간의 몸을 받아 태어나기란 매우 희유한 일이므로 이 절호의 기회를 어찌 등한히 할 수 있겠는가. 사람들이 시각장애인이나 청각장애인으로 태어나거나 다른 장애를 갖고 태어나는 것은 자신이 지은 업의 결과이다. 자칫하면 다음 기회를 기다려야 할지도 모를 일이므로 남다른 노력이 필요하다고 하겠다. 또한 인간은 죽음을 피할 수 없음을 늘 명심하고 있다. 죽음을 피할 수 없음을 자각하고 마음을 챙길 때 세속적인 것들에 대해 지나치게 집착하지 않게 될 것이다.

이런 식으로 늘 죽음에 대한 생각[死念]을 염두에 두고 있으면 정진하고픈 마음이 우러나 큰 향상을 이루도록 각성하게 된다.

죽음에 대한 명상의 지침은 붓다고사 스님의 《청정도

론》8장에 나오는데 기본 수행법을 요약하면 다음과 같다.

먼저 붓다고사는 '죽음에 대한 정의'에서 사념死念의 대상이 될 수 없는 죽음으로서, ① 아라한의 열반 ② 찰나찰나 생멸하는 과정에서의 죽음[滅] ③ '죽은 색깔' 혹은 '숨을 죽이다'에서와 같은 관용적 표현으로서의 죽음을 들고 있다. 반면 사념의 대상이 되는 죽음은 ① 과거에 지은 공덕이 다하거나 수명이 다하여 오는, 제명에 죽는 죽음 ② 수명을 지속시키는 업을 다른 업이 불시에 중단시켜 빚어지는 비명의 죽음, 이 두 가지이다.

누구든 죽음을 염念하려면 조용한 장소를 택하여 빈틈없이 주의를 집중해야 한다. 즉 '죽음이 올 것이다. 생명이 끊어질 것이다.' 또는 '죽음, 죽음'이라고 되뇌면서.

자칫하면 이때 사랑하는 사람의 죽음에는 슬픔이, 원수의 죽음에는 후련함이, 무관한 사람의 죽음에는 화장터의 화부 같은 무관심이 또는 자신의 죽음을 생각할 때는 두려움 등 슬기롭지 못한 생각이 생겨날 수도 있다. 따라서 언제나 절박감을 가지고 죽음을 생각하며 마음을 챙기고 죽음에 대한 깊은 이해가 있어야 할 것이다. 그러면 '근접 삼매'[3]가 얻어질 수 있으며 이것이 통찰지가 생겨나는 바탕이 된다.

그렇지만 그 정도에까지 이르지 못하는 사람은 여덟 가지 방식으로 염해야만 할 것이다.

즉 죽음을 ① 살인마의 무서운 모습으로 보고 ② 성공을 망치는 화근으로 보며 ③ 남들에 비추어 본다. 또 ④ 우리 육체를 차지하여 기생하는 것들이 많음에 대해 ⑤ 생명의 허약함에 대해 ⑥ 기약 없음에 대해 ⑦ 생명의 유한함에 대해 ⑧ 순간의 덧없음에 대해 생각해야 한다.

이를 좀 더 부연 설명하면 ③의 남들에 비추어 본다는 것은 위대하고 유명한 사람들 심지어는 부처님들조차도 죽을 수밖에 없다는 사실을 상기한다는 뜻이다. ④는 우리 육체가 '80종의 벌레' 같은 온갖 종류의 생물체가 우글대는 온상임을 의미한다. 그 벌레들은 사람의 외피, 내

---

3 근접삼매: 보리수잎 다섯 《거룩한 마음가짐-사무량심》, 〈고요한소리〉
   주 7 참조.

피, 살, 근육, 뼈, 골수에 파고들어 그것을 먹이 삼아 살아간다. 그리고 그들은 거기서 나고, 죽고, 똥·오줌을 싼다. 그러니 우리 육체는 그것들의 산실, 양육원, 묘지, 화장실, 소변기인 셈이다. ⑥은 죽음이란 예측할 수 없다는 것을 의미하고 ⑦은 인간 수명의 덧없음을 말한다.

붓다고사는 다음과 같이 결론을 내리고 있다. '죽음을 주제로 마음챙기기에 몰두하는 비구는 간단없이 정진한다. 그는 미망에서 깨어나 그 어떤 몸도 받지 않겠다는 마음이 생긴다. 그는 생명에 대한 애착을 버린다. 그는 악을 나무란다. 그는 축제를 피한다. 그는 일용품조차도 지나치게 탐하지 않는다. 그의 마음속에 무상無常을 알아차리는 인식이 자라고 뒤이어 고苦와 무아無我에 대한 인식이 생겨난다. 죽음에 대한 마음챙김을 계발하지 못한 사람은 죽음에 이르러 맹수, 귀신, 뱀, 강도 혹은 살인마에 의해 느닷없이 덮쳐진 듯 두려움, 공포, 혼란의 희생자가 되지만, 죽음에 대한 염念을 닦은 사람은 그런 상태에 빠지지 않고 망상에서 벗어나 두려움 없이 죽는다. 그런 사람

은 설령 지금 여기에서 불사不死의 경지에 이르지 못한다
해도 육체가 해체될 때 적어도 복된 내생을 맞게 된다.

> 한 인간이 진정으로 슬기로울 때
> 그가 끊임없이 해야 할 일은 분명히
> 죽음에 대한 간단없는 마음챙김이니
> 그것은 무한한 공덕을 가져올 축복이니라.

위의 글은 냐나몰리 스님이 빠알리어에서 번역한 바단
따까리야 붓다고사의 《청정도론》(BPS, 캔디, 1975, 247~
259쪽)에서 인용하였다. 《청정도론》의 이 부분에 대해서
는 에드워드 콘즈가 《불교 연구 30년》(옥스퍼드, 1967, 87
~104쪽)에서 명쾌하고 학구적이며 재치 있는 논평을 하고
있다.

또한 독자는 V. F. 구나라뜨나의 《죽음에 대한 불교적
고찰》(BPS Wheel Series 102/103 캔디, 1966)을 참조하면
유익할 것이다.

덧붙이는 글

과학과 사후 존속

아직도 어떤 식의 사후 존속이든지 그것을 믿는 것은 어쩐지 '비과학적'이라고 여기는 사람들이 있다. 그렇다고 비과학적이라고 치부하는 입장이 옳은지를 증명할 방법은 없으며 또 오늘날 모든 과학자가 다 그런 견해를 지지하려고 하지도 않을 것이다.

초자연적 현상에 대해 드러난 증거가 있는데도 일부 과학자들이 이를 의도적으로 외면하는 것처럼 보이는 것은 무엇 때문인가? 그것은 앞에서 지적한 바와 같이 심리적인 이유 때문이다. 즉 그렇게 함으로써 그들은 모든 마음의 현상이 단지 육체의 부산물일 뿐이고 육체에 의해 결정되고 육체와 함께 사라지는 것이라고 가정해 버리고, 그들의 일을 계속해 나갈 수 있기 때문이다. 이런 시각으로 보면 정신 활동은 단지 뇌 자체의 기능에 불과한 것으로 격하된다. 그렇지만 실제로 두뇌 조직 자체가 사고하는 것이 아님을 강조해야겠다.

인간의 뇌는 아직도 극히 피상적으로밖에는 밝혀지지 않은 매우 희한한 기관이다. 뇌의 구조 자체가 엄청나게 복잡할 뿐 아니라 실험해 보기에는 실제적으로 어려움이 따르기 때문이다.

하지만 정신적 활동이 전적으로 뇌 조직 자체에만 관련된 것이 아님은 분명하다. 여러 가지 초감각적 지각[ESP] 현상이 나타나고 있음이 사실이건만 인간의 뇌에서는 적어도 그런 현상을 일으킨다고 할 만한 어떤 부분도 발견되지 않고 있다. 심지어 ESP 현상과 뇌의 상호 연관 관계에 대해서 일찌감치 관심을 보였던 공인된 유물론자인 소련 과학자들조차도 별로 알아낸 것이 없다. 예를 들어 항간에서는 텔레파시[念力]가 무선 통신과 같은 원리로 전달되는 듯이 잘못 인식되고 있지만 사실은 그렇지 않다. 유명한 심령 연구가이고 무선 통신에 관해 전문 지식이 있었던 G. N. M. 티렐이 오래전에 지적했듯이 염력의 강도는 일반 물리적 원리와는 관계가 없는 것이어서 거리가 멀다고 약해지지는 않는다.

염력의 존재는 사후존속을 입증하는 데 손쉬운 방편으로 꽤 자주 동원되고 있지만 염력이 존재한다는 사실 그 자체가 사후 존속이나 재생을 증명하지는 못한다. 그렇다 해도 어떤 정신적인 것이 물리적인 매체 없이 공간과 심지어 시간조차도 초월할 수 있다는 것을 밝혀주는 증거가 된다.

이런 정신적인 그 무엇은 불교적 관점으로 볼 때 재생을 일으키는 본질과 깊은 관계가 있다. 염력은 분명히 실재하는 것이고 그러한 사실은 널리 인정되고 있기 때문에 바로 이 사실 하나만으로도 재생의 가능성을 부정하는 모든 주장은 무너져버린다.

염력이 정말 있을까 의심하는 경직된 회의론자들이 점차 그 수가 줄어들고는 있지만 염력이 있다는 분명하고도 움직일 수 없는 증거에 대해 아직까지 깨끗하게 승복하려

들지 않는다. 텔레파시 현상이란 정도의 차이는 있을지라도 누구에게나 일어나는데 알아차리지 못하는 경우가 많다. 위의 회의론자들은 자기의 내부에서 그러한 현상을 감지 못한다 하여 염력의 존재를 부정하고 있는 것이다.

전반적으로 사후 존속에 관한 확실한 증거는 물론 얼마든지 있으며 특히 재생에 관한 증거도 풍부하다. 심령 연구회가 지난 1세기에 걸쳐 수집한 자료는 놀랄 만큼 많다. 그리고 이 자료의 항목 하나하나는 여러 종류의 엄정한 실험을 거쳐서 채택된 것이다. 이 실험은 현대 과학이 새로운 발견을 위하여 행했던 것보다 훨씬 더 엄격했다.

특히 재생에 관해서는 다음의 저서들을 참고하면 도움이 될 것이다.

먼저 프란시스 스토리가 쓴 《이론과 경험으로서의 재생 - 소논문과 사례 연구》(BPS, 캔디, 1975)와 《재생의 사례》(BPS, Wheel Publication)가 있다.

이 저자와 공동 연구자인 미국 버지니아 의대의 정신 의학과 교수 겸 초심리학과 과장인 아이언 스티븐슨 박사도 재생에 관해 여러 역작을 저술한 바 있다. 《환생의 20가지 사례》(버지니아대 출판부, 2판, 1974), 《환생 유형의 사례 모음집》(전3권 버지니아대 출판부, 1975~6) 등이다. G. N. M. 티렐이 지은 《인간의 성정》은 펭귄 출판사에서 나온 책으로 심령 현상에 관한 훌륭한 개론이다. 영국의 저명한 정신 의학자인 아서 거담 박사의 《카타르[4]와 환생》(네빌 스피어만사, 런던, 1970)은 더욱 흥미로운 자료를 제공한다.

미국에서 숭앙받는 인물인 에드가 케이시(1877~1945)의 특이한 생애는 연구할 만한 가치가 충분하며, 그에 관한 책 중의 하나로 지나 서미나라 박사가 쓴 《수많은 거주처》는 1950년에 초판이 나온 후에 전 세계에서 거듭 중판되었다. 한국에서는 《윤회의 비밀》이란 제목으로 장경각에서 출판된 바 있다.

---

4 12~18세기에 서유럽에서 번창했던 이단적인 기독교 종파.

―――― 〈고요한소리〉는

∘ 붓다의 불교, 붓다 당신의 불교를 발굴, 궁구, 실천, 선양하는 것을 목적
  으로 설립되었습니다.

∘ 〈고요한소리〉 회주 활성스님의 법문을 '소리' 문고로 엮어 발행하고 있
  습니다.

∘ 1987년 창립 이래 스리랑카의 불자출판협회BPS에서 간행한 훌륭한 불
  서 및 논문들을 국내에 번역 소개하고 있습니다.

∘ 이 작은 책자는 근본불교를 중심으로 불교철학·심리학·수행법 등 실생
  활과 연관된 다양한 분야의 문제를 다루는 연간물連刊物입니다. 이 책들
  은 실천불교의 진수로서, 불법을 가깝게 하려는 분이나 좀 더 깊이 수행
  해보고자 하는 분에게 많은 도움이 될 것입니다.

∘ 이 책의 출판 비용은 뜻을 같이하는 회원들이 보내주시는 회비로 충당
  되며, 판매 비용은 전액 빠알리 경전의 역경과 그 준비 사업을 위한 기금
  으로 적립됩니다. 출판 비용과 기금 조성에 도움 주신 회원님들께 감사드
  리며 〈고요한소리〉 모임에 새로이 동참하실 회원을 기다리고 있습니다.

∘ 〈고요한소리〉 책은 고요한소리 유튜브(https://www.youtube.com/c/
  고요한소리)와 리디북스RIDIBOOKS를 통해 들으실 수 있습니다.

∘ 카카오톡 채널(https://pf.kakao.com/_XIvCK)을 친구 등록 하시면 고
  요한편지 등 〈고요한소리〉의 다양한 소식을 받으실 수 있습니다.

∘ 〈고요한소리〉 홈페이지 안내
  - 한글 : http://www.calmvoice.org/
  - 영문 : http://www.calmvoice.org/eng/

◦ 〈고요한소리〉 회원으로 가입하시려면 이름, 전화번호, 우편물 받을 주소, e-mail 주소를 〈고요한소리〉 서울 사무실에 알려주십시오.
(전화: 02-739-6328, 02-725-3408)

◦ 회원에게는 〈고요한소리〉에서 출간하는 도서를 보내드리고, 법회나 모임·행사 등 활동 소식을 전해드립니다.

◦ 회비, 후원금, 책값 등을 보내실 계좌는 아래와 같습니다.

국민은행	006-01-0689-346
우리은행	004-007718-01-001
농협	032-01-175056
우체국	010579-01-002831
예금주	**(사)고요한소리**

———— 마음을 맑게 하는 〈고요한소리〉 도서

금구의 말씀 시리즈

하나	염신경念身經
둘	초전법륜경初轉法輪經
	초전법륜경初轉法輪經 (확대본)
	초전법륜경初轉法輪經 (독송본)

소리 시리즈

하나	지식과 지혜
둘	소리 빗질, 마음 빗질
셋	불교의 시작과 끝, 사성제 – 四聖諦의 짜임새
넷	지금·여기 챙기기
다섯	연기법으로 짓는 복 농사
여섯	참선과 중도
일곱	참선과 팔정도
여덟	중도, 이 시대의 길
아홉	오계와 팔정도
열	과학과 불법의 융합
열하나	부처님 생애 이야기
열둘	진·선·미와 탐·진·치
열셋	우리 시대의 삼보三寶
열넷	시간관과 현대의 고苦 – 시간관이 다르면 고苦의 질도 다르다
열다섯	담마와 아비담마 – 종교 얘기를 곁들여서
열여섯	인도 여행으로 본 계·정·혜

법륜 시리즈

보리수잎 시리즈

붓다의 고귀한 길 따라 시리즈

단행본

This translation was possible
by the courtesy of the Buddhist Publication Society
54, Sangharaja Mawatha P.O. BOX61
Kandy, SriLanka

법륜·열하나
죽음은 두려운 것인가

초판 1쇄 발행 1993년 10월 30일
2판 4쇄 발행 2024년 8월 30일

지은이   엠 오 시 월슈
옮긴이   우철환
펴낸이   하주락·변영섭
펴낸곳   (사)고요한소리

등록번호 제1-879호 1989. 2. 18.
주소   서울시 종로구 인사동길 47-5 (우 03145)
연락처   전화 02-739-6328 팩스 02-723-9804
          부산지부 051-513-6650 대구지부 053-755-6035
          대전지부 042-488-1689 광주지부 02-725-3408
홈페이지 www.calmvoice.org
이메일   calmvs@hanmail.net
ISBN   978-89-85186-40-7

값 1,000원